Alice Le Guiffant
Laurence Paré

Caderno de exercícios de simplicidade feliz

Ilustrações de Jean Augagneur

Tradução de Stephania Matousek

EDITORA
VOZES
Petrópolis

Chemin du Guillon 20
Case 143
CH-1233 – Bernex
http://www.editions-jouvence.com
info@editions-jouvence.com

Título original francês: *Petit cahier d'exercices de simplicité heureuse*

Direitos de publicação em língua portuguesa – Brasil:
2015, Editora Vozes Ltda.
Rua Frei Luís, 100
25689-900 Petrópolis, RJ
www.vozes.com.br
Brasil

Diretor editorial
Frei Antônio Moser

Editores
Aline dos Santos Carneiro
José Maria da Silva
Lídio Peretti
Marilac Loraine Oleniki

Secretário executivo
João Batista Kreuch

Editoração: Fernando Sergio Olivetti da Rocha
Projeto gráfico: Éditions Jouvence
Arte-finalização: Sheilandre Desenv. Gráfico
Capa/ilustração: Jean Augagneur
Arte-finalização: Editora Vozes

ISBN 978-85-326-4964-5
(edição brasileira)
ISBN 978-2-88353-734-7
(edição suíça)

Editado conforme o novo acordo ortográfico.

Este livro foi composto e impresso pela Editora Vozes Ltda.

Dados Internacionais de Catalogação na Publicação (CIP)
(Câmara Brasileira do Livro, SP, Brasil)

Le Guiffant, Alice
Caderno de exercícios de simplicidade feliz / Alice Le Guiffant e Laurence Paré ; ilustrações de Jean Augagneur ; tradução de Stephania Matousek. – Petrópolis, RJ : Vozes, 2015. – (Coleção Cadernos: Praticando o Bem-estar)
Título original : Petit cahier d'exercices de simplicité heureuse
ISBN 978-85-326-4964-5
1. Autoconhecimento 2. Conduta de vida 3. Felicidade 4. Realização pessoal. I. Paré, Laurence. II. Augagneur, Jean. III. Título. IV. Série.

14-13438 CDD-158.1

Índices para catálogo sistemático:
1. Autoconhecimento : Felicidade : Psicologia aplicada 158.1

Table des matières

Introdução

Este caderno de exercícios lhe dá dicas para descobrir e aplicar a simplicidade voluntária e feliz no seu cotidiano.

Como essa filosofia de vida nos traz plenitude e felicidade, preferimos chamá-la de "simplicidade feliz", em vez de "simplicidade voluntária", que parece ser algo demasiado trabalhoso e chato. Feliz.

A simplicidade feliz é uma escolha de vida com o objetivo de se liberar de uma dependência demasiado grande de tudo o que é material e questionar os hábitos consumistas de nossa sociedade, no intuito de se aproximar de seus valores e necessidades reais. Esse passo deve ser dado para si mesmo, para os outros, para o planeta, cada um andando em seu ritmo por caminhos que lhe sejam próprios e com suas prioridades pessoais. Portanto, está fora de questão renunciar a todos os prazeres da vida sob pretexto de estar absolutamente determinado a ir até o fim. Não se deve abandonar uma sociedade embrutecedora e coerciva por conceitos que aprisionam ainda mais.

Vamos explorar diferentes maneiras de tentar substituir o **TER**, amplamente imposto por nossa sociedade, pelo **SER**, bem relegado ao pano de fundo de nossas vidas, a fim de alcançar um melhor equilíbrio entre ambos.

De fato, muitas vezes tentamos compensar nossos erros e carências com o ter... iniciativa vã e destinada ao fracasso.

Você pode ter múltiplas razões de querer simplificar a sua vida. Algumas são puramente práticas, outras traduzem uma necessidade de profunda mudança. Em todo caso, é bom identificar suas motivações para lembrar, nas horas de dúvida, por que você está seguindo esse caminho.

Defina suas próprias motivações de querer simplificar a sua vida. Marque na lista a seguir as ideias que corresponderem ao seu desejo e acrescente as que estiverem faltando:

- Me sentir menos estressado, mais descansado.
- Me sentir menos dependente da minha vontade de consumir.
- Viver de maneira mais ecológica.
- Viver de maneira mais ética.
- ....
- ....
- ....
- ....
- ....
- ....
- ....

Algumas questões para começar

Você decidiu ler este caderno de exercícios com vontade de se aproximar ao máximo de uma vida mais simples. Vamos começar definindo o que é simplicidade para você. Com certeza você tem em mente modelos e estereótipos de vida simples que lhe foram transmitidos por filmes, reportagens, depoimentos... É importante identificá-los para poder construir a sua própria concepção de vida simples. Isso lhe permitirá, além disso, fazer uma distinção entre seus ideais, às vezes impossíveis de atingir, e suas reais necessidades.

Preencha o quadro abaixo (conforme o exemplo a seguir) tentando analisar quais são os esquemas de vida simples que você tem em mente. Tente identificar também o que você sente com relação a tais modelos de vida simples: nojo, vontade, medo, admiração, desprezo...

Fonte: filme, livro, histórias de vida etc.	Modelo de vida simples	Sentimento positivo ou negativo
Sítio do Pica-pau Amarelo	Família autossuficiente em uma fazenda	O que me agrada é a ideia de viver de modo muito simples e se sentir realizado
Robinson Crusoé	Ilha deserta	Afastado demais do mundo para mim!

Fonte: filme, livro, histórias de vida etc.	Modelo de vida simples	Sentimento positivo ou negativo

Quando você pensa em "viver de modo simples", quais são as primeiras imagens que vêm à sua cabeça? Pense em coisas tanto materiais quanto imateriais.

— Não ter mais relógio de pulso para não se apressar.
— Me livrar da churrasqueira elétrica.
— Trabalhar menos.
— ....
- ....
- ....

Agora que suas motivações estão um pouco mais claras e que você já refletiu sobre os modelos de vida simples que lhe agradam ou desagradam, tente classificar suas prioridades dentre os itens que você tiver marcado acima. Escreva o número 1 ao lado do aspecto da sua vida que você gostaria de mudar primeiro, depois o número 2 ao lado da sua segunda prioridade, e assim por diante.

Todos os caminhos levam à simplicidade feliz

Como a simplicidade feliz é um caminho pessoal em que cada pessoa define objetivos que lhe são próprios, é impossível indicar um ponto de partida ou mesmo um ponto de chegada.

No entanto, é possível afirmar que, mais cedo ou mais tarde, a simplicidade feliz virá interrogar cada um de nós sobre temas comuns. De fato, como uma coisa leva à outra, você acabará mais ou menos em breve questionando a sua concepção:

— do consumo
— da ecologia
— das suas relações com a comunidade
— do tempo
— do trabalho
— ....
- ....

— ....
- ....
— ....
- ....
— ....
- ....
— ....

No mapa da primeira página, enumere por ordem de prioridade as etapas que você tem de atravessar no seu caminho ideal para vivenciar a simplicidade feliz e depois trace com um lápis o caminho que você pretende seguir.
Cada página corresponde a uma etapa — portanto, você pode consultá-las para refletir sobre cada aspecto da sua vida.
É claro que, como em qualquer viagem, você descobrirá, ao longo do seu caminho, armadilhas ou obstáculos que farão você perder tempo ou o afastarão do seu objetivo, mas também caixinhas de ferramentas que lhe permitirão atenuar as dificuldades. E, como a vida também reserva surpresas, você encontrará aqui e ali presentes reconfortantes!

ETAPA: Bem-estar

Alimentação

A simplicidade feliz é um caminho para se conscientizar sobre o nosso impacto no meio ambiente, no intuito de torná-lo o menos violento possível. É prestar atenção ao que consumimos de modo geral e à maneira como nos alimentamos em especial. De fato, uma das nossas primeiras despesas orçamentárias é a alimentação, e o que nós comemos exerce um impacto direto e considerável no bem-estar de muitos habitantes do nosso planeta. Por isso, a simplicidade feliz nos incentiva a comer alimentos orgânicos, bons para nós e para o nosso planeta.

Mudar seus hábitos

Mudar seus hábitos não é tão simples assim, mas é possível, contanto que seja devagar. Ainda mais que os desafios estão à altura dos "esforços" consentidos, como acabamos de ver.

Além disso, em termos de saúde, você rapidamente sairá ganhando! De fato, você sentirá um maior bem-estar ao consumir menos pesticidas, conservantes, corantes, gorduras hidrogenadas, açúcar refinado e outras substâncias não identificadas.

Algumas dicas para começar:

- Consumir mais produtos locais.
- Colocar mais produtos frescos no carrinho de compras.
- Comprar mais produtos não industrializados.
- Preparar algumas refeições vegetarianas por semana.
- Comer frutas e legumes da estação.
- ....
- ....
- ....

O que você poderia mudar logo nesta semana?

- ....

Que objetivo você gostaria de atingir em um mês?

- ....

Em um ano?

- ....

E o preço disso tudo?

Anote abaixo o total que você gasta com alimentação todo mês. O total inclui também as ocasionais barras de chocolate compradas para as crianças em passeios para os quais você não tenha preparado nenhum lanche, balas pagas em dinheiro vivo na padaria ou no boteco, sanduíches comidos na rua e almoços em restaurantes. Tudo. Isso é indispensável antes de começar a mudar de alimentação.

Todo mês, eu gasto .... reais com comida.

Se você decidir, de um dia para o outro, comer comida orgânica sem mudar nada nos seus hábitos alimentares, é óbvio que o seu orçamento vai explodir. Mas se, paralelamente, você começar a comer frutas e legumes da estação ou leguminosas (mais baratas), diminuir seu consumo de carne (que representa uma enorme parte do orçamento) e, sobretudo, se você decidir aprender ou reaprender a cozinhar, então seu orçamento de comida será, no pior dos casos, idêntico e, no melhor, inferior ao de antes.

O que é um produto industrializado?

Chamamos de produto industrializado ou prato semipronto todo produto transformado pelo homem. Conscientize-se de que você pode fabricar fácil e rapidamente o essencial da sua alimentação e que todo produto já pronto custa muito mais caro do que a soma dos produtos brutos que o compõem. Quando você próprio transforma a maioria dos alimentos que consome, você pode se dar ao luxo de comprar os que forem de excelente qualidade.

Veja a seguir uma lista de pratos semiprontos; marque os que você costuma comprar e consumir regularmente.

- ☐ massa folhada, de pastel, de empada...
- ☐ iogurtes, cremes de sobremesa, arroz doce...
- ☐ sorvetes, picolés...
- ☐ pão, brioches, *croissants*...
- ☐ bolinhos, lanche das crianças, doces...
- ☐ sopas, legumes congelados, molho de tomate...
- ☐ pizzas, quiches, tortas de legumes, misto-quente...
- ☐ geleias, frutas em conserva, compotas...
- ☐ legumes em conserva...
- ☐ pratos semiprontos (lasanha, macarrão instantâneo, pão de queijo, *strogonoff*, congelados, salada embalada a vácuo, pipoca de micro-ondas, farofa pronta)...
- ☐ bebidas: suco de frutas, cerveja, refrigerante, vinho, sidra...

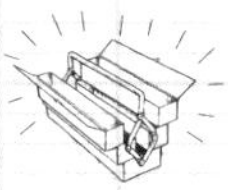

Caixinha de ferramentas: reaprender a cozinhar

Você pode cozinhar a maior parte do que você come, mas precisa se dar conta de que isso não leva tanto tempo quanto imagina e que não é tão complicado. Por exemplo, para fazer oito iogurtes são necessários cerca de dois minutos de preparação; basta misturar um litro de leite com um iogurte de base. Pronto! Da mesma forma, uma deliciosa massa de torta pode ser preparada em cinco minutos cronometrados! Não somente é rápido, mais barato, muitas vezes melhor, mas, além disso, aumenta nossa autoestima e nos dá o sentimento de sermos competentes. Uma vez que você tiver começado a cozinhar, você pode ir cada vez mais longe e experimentar coisas inusitadas ou que nunca suspeitou que pudesse fazer: por exemplo, fabricar bebidas, fazer manteiga, queijo...

Compre um bom livro de cozinha caseira que lhe dê todas as receitas básicas ou entre em um curso de culinária. Veja a seguir alguns livros que podem lhe ensinar ou voltar a ensinar a cozinhar:

BOCCATO, A. **Bolo de avó** - 60 receitas fáceis, econômicas e com gosto de infância. São Paulo: Senac, 2012[1].

1. Até o momento, os livros de receita citados no original não foram traduzidos para o português: *Petit Larousse de la Cuisine*. Larousse, 2006 (1.800 receitas). • LEUREUX, G. *Ma cuisine végétarienne pour tous les jours*. La Plage, 2006 (receitas deliciosas, prontas em menos de 15 ou 20 minutos). • IDA, A. *Gâteaux de mamie*. Marabout, 2002 [Coleção *Les Recettes d'Amandine*].

CINTRA, L. **Larousse da Cozinha Prática.** São Paulo: Larousse do Brasil, 2006 [com mais de 500 receitas].

GRAY, D. **500 receitas vegetarianas** - As mais incríveis receitas em um único livro. São Paulo: Marco Zero, 2012.

Fabricar suas próprias conservas e geleias pode parecer um trabalho exaustivo e ingrato. Porém, alguns dias de labuta são amplamente recompensados por uma tranquilidade no resto do ano e pelo tempo poupado por não ter mais de percorrer as prateleiras do supermercado.

Você também pode comparar os preços reais dos produtos orgânicos e não orgânicos. Você se surpreenderá às vezes. Maçãs orgânicas compradas de um pequeno produtor da sua região são bem mais baratas do que maçãs químicas de supermercado. O mesmo vale para o pão e para várias outras mercadorias básicas... Mas é preciso saber onde encontrá-las.

Então esse é o nosso próximo exercício: encontro marcado no final do caderno e nas páginas "bons endereços"; comece a listar todos os lugares legais dos quais você tenha ouvido falar... Pense nos produtores locais em cujas propriedades você pode colher, por uma merreca, suas frutas e legumes, os quais você comprará na estação certa por atacado e guardará em conserva para o resto do ano. Procure também um moinho que possa lhe vender farinha em sacos de 5 a 25kg, o que será

muito útil se você começar a preparar em casa todos os seus pães, bolos, massas de torta, macarrões etc. Tente ao máximo comprar direto na fonte, se você morar no interior: compre leite e ovos em uma fazenda, por exemplo. Sem esquecer os parentes ou amigos que possuam horta e pomar que produzam em excesso... Fale sobre o assunto com as pessoas ao seu redor, para descobrir boas ideias e endereços úteis. Anote também nomes de cooperativas de produtos orgânicos, feiras locais, os dias e horários, procure saber se não existem redes locais de troca de produtos ou serviços perto da sua casa...

De fato, é inútil imaginar que você vá percorrer quilômetros para se alimentar: caro e complicado demais. Você precisa, portanto, encontrar onde se abastecer localmente.

Simplicidade interior

"A expressão exterior da simplicidade não necessariamente é acompanhada por uma simplicidade interior [...]. Certos santos e sábios renunciaram ao mundo; mas me parece que tal renúncia, se praticada por qualquer um de nós, não resolverá o problema. A simplicidade fundamental, real, só pode nascer no interior; e a partir dali se produz a expressão exterior."

Krishnamurti

(**A primeira e última liberdade**. Rio de Janeiro: Nova Era, 2010.)

Na verdade, quando nos envolvemos com a simplicidade feliz, muitas vezes é pensando que a nossa vida será mais bonita, mais fácil - em uma palavra, mais simples. Entretanto, sabemos muito bem que o que expressamos no lado de fora com frequência é apenas um reflexo do que está acontecendo dentro de nós. Por isso, é importante também alcançar uma espécie de simplicidade interior... uma alimentando a outra e vice-versa. Simplificar sua maneira de viver necessariamente provoca consequências na maneira como você sente as coisas. Da mesma forma, liberar-se dos sentimentos negativos que pesam sobre seus ombros pode lhe permitir ir mais longe em termos de simplicidade material.

Tire alguns instantes para refletir sobre o que significa "simplicidade interior" para você:

– Parar de ficar me culpando por eu detestar escrever cartões de parabéns, felicidades, votos de fim de ano.

- ....

- ....

- ....

Que ações, ou práticas, você conhece e poderia começar ou instaurar para ganhar mais serenidade e simplicidade interior?

– dança

- ....

- ....

Que atividades lhe fazem bem e lhe dão a impressão de serem "a sua praia"?

– jardinar

- ....

- ....

Que sentimentos e emoções você gostaria de deixar para trás?

- ....
- ....
- ....
- ....

Imagine a si mesmo enfiando-os dentro de um grande saco e largando-os no chão.

Caixinha de ferramentas: a liberação

O que está atravancando você?

O que nos atravanca hoje com frequência vem do nosso passado. Costumamos arrastar malas, tanto morais quanto materiais. Quais são os fardos que complicam a sua vida?

Talvez você tenha guardado todos os seus cadernos de escola: eles ocupam um armário inteiro, enquanto falta espaço para você arrumar as suas roupas.

Talvez você ainda não tenha engolido aquele comentário assassino do seu professor: "Você nunca será ninguém", o que o impede de se inscrever naquele curso que você precisa fazer para mudar de profissão.

Que malas você herdou da sua infância, da sua adolescência e mesmo da sua idade adulta...?

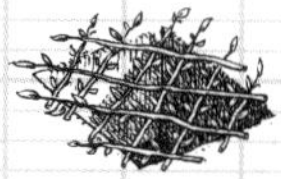

Armadilha: dificuldade de mudar o seu jeito de pensar

A simplicidade é um caminho que todo dia está novo em folha, sendo seguido por poucas pessoas, e não uma rodovia asfaltada. É mais difícil – mas tão mais gratificante – trafegar nele. Uma das principais dificuldades é provavelmente romper com toda a ideologia na qual estamos mergulhados. Hoje, o modelo de superabundância, consumo em excesso e produção exagerada dos países desenvolvidos se tornou o modelo de referência ao qual tendem todos os países do mundo, varrendo milênios de cultura e tradição. Ele é tão sedutor que ninguém nem considera mais, atualmente, outras formas de pensar o mundo.

No entanto, forjar para si mesmo ferramentas de reflexão e se questionar, sem consultar o tempo todo autoridades supostamente competentes, é a melhor maneira de reconquistar poder sobre a sua vida. Seja qual for o método empregado, esteja disposto a se deixar chacoalhar e a reavaliar cada um dos dogmas que nos são apresentados como verdades inevitáveis.

Faça uma lista de todas as ideologias que você escuta desde a infância e que não têm nada a ver com você.

– Precisamos comer carne

– ....

– ....

Releia cada um dos itens que você tiver listado, tire um tempo para fazer uma reflexão pessoal e profunda, no intuito de jogar luz no seu próprio pensamento sobre o assunto.

Nunca se esqueça de quem prega tal ou tal ideologia. Por exemplo, quem está tirando proveito ao lhe dizer: "Precisamos consumir laticínios" e desde quando escutamos essa ladainha? (desde o fim da Segunda Guerra Mundial, e os picos de produção geram estoques maciços que devem ser escoados...).

Veja a seguir um exemplo de pensamento dominante

a necessidade de sucesso

Ah, ser bem-sucedido na vida, que belo objetivo, sem dúvida! Mas, no fundo, o que isso significa para você? Como você age para atingir o seu objetivo? É importante fazer essas perguntas a si mesmo para tomar consciência da sua própria definição do sucesso. Mais uma vez, estamos impregnados de esquemas que não nos pertencem.

O que significa ser bem-sucedido na sua família?

....

Quais são as pessoas que lhe foram apresentadas como modelos de sucesso na sua infância? (Pense nos seus pais, mas também nos outros membros da sua família, nos seus professores, amigos, vizinhos, pessoas famosas e até personagens fictícias.)

....

Você estudava na escola para agradar a alguém?

....

Você escolheu a sua profissão atual para satisfazer expectativas exteriores? Quais? De quem?

....

Na sua opinião, os seus pais acham que eles são bem-sucedidos na vida? Por quê?

....

Você concorda? Por quê?

....

"Rir com frequência e muito; ganhar o respeito de pessoas inteligentes e a afeição de crianças; saber que algum ser respirou mais facilmente porque você viveu. Ter sucesso na vida é isso."

Ralph Waldo Emerson

Escreva em cada pétala da margarida um fator que permitiria que você dissesse "eu sou bem-sucedido" na vida. Se for difícil demais, imagine a si mesmo no final da sua vida... O que você gostaria de ter realizado? Ter vivido? Ter obtido?

ETAPA: COMUNIDADE

A vizinhança

Os partidários da simplicidade feliz consideram que um tecido relacional e humano é indispensável à vida. Somos interdependentes e mais fortes quando estamos unidos. Juntos, podemos "fazer mais com menos", reinventar, refletir, ajudar-se mutuamente...

Estas páginas são um convite para refletir sobre os laços que nós mantemos com a nossa comunidade, ou seja, nossos entes queridos, nosso bairro, nossa cidade, nossos amigos...

Sentir-se útil é uma das necessidades importantes do ser humano. A família e a comunidade são esferas de expressão ideais para isso. No entanto, essa necessidade com frequência é relegada ao segundo plano, de tanto que penamos para satisfazer nossas necessidades mais básicas. Às vezes, só temos energia suficiente para nos dedicarmos a nós mesmos ou aos nossos filhos. Simplificar sua vida, organizar seus pensamentos e encontrar tempo permite, a médio ou longo prazo, ficar disponível para os outros. Você pode se tornar útil para a sua comunidade de formas muito variadas. Participar

de atividades de divertimento, escutar seus vizinhos, conversar e criar laços entre as pessoas são atividades tão importantes quanto arrecadar dinheiro para a escola dos seus filhos, por exemplo. Conscientize-se do papel que você desempenha.

Que parte do seu tempo você dedica hoje à sua comunidade: vizinhos, cidade, bairro...?

....

Como você acha que poderia se tornar útil para a sua comunidade? O que você tem a oferecer, trocar?

....

Identifique os seus obstáculos:

– Falta de tempo?

– Medo de que os outros abusem da sua boa vontade e invadam a sua privacidade?

– ....

- ....

Você também pode contribuir para a vida da sua comunidade através de atos bem simples: consumir localmente, por exemplo. Algumas pessoas já tentaram e venceram a aposta de não comprar mais nada que venha de um raio superior a 200km da casa delas... Sem querer necessariamente seguir esse exemplo, se você privilegiar ao máximo produtos locais quando for fazer compras, perceberá as riquezas que estão ao seu alcance e fortalecerá o sentimento de que você pertence ao seu bairro, cidade, estado.

Os amigos

Certas pessoas, quando pensam em simplicidade feliz, recomendam fazer uma seleção rigorosa na agenda telefônica e, por conseguinte, reduzir o tempo gasto alimentando relacionamentos que não sejam realmente satisfatórios ou enriquecedores.

Talvez você conheça aquela expressão que, infelizmente, caracteriza algumas de nossas "amizades": "Com um amigo desses, ninguém precisa de inimigo". Você pode identificar duas categorias de pessoas que o prejudicariam.

Na primeira categoria, encontramos aquelas que, de modo geral, são tóxicas. Elas podem desgastar a sua autoestima com comentários assassinos. Normalmente, elas buscam a sua companhia apenas para benefício próprio. Tais "vampiros" afetivos devem ser evitados a qualquer custo. Veja a seguir como identificá-los:

— Quem suga a sua energia?
— Quem critica todas as suas ações?
— Quem finge que o está escutando sem deixar você dar nenhum palpite?
— Quem você teria razão de evitar ao máximo?

Muitas vezes sabemos, mais ou menos, se as pessoas com quem nos relacionamos nos fazem bem ou não. O mais difícil às vezes é aceitar o que está nos dizendo aquela vozinha que não temos vontade de escutar. Às vezes, são pessoas de quem não podemos fugir facilmente (nossos pais, amigos de longa data, colegas...), e, aí, as coisas se complicam extremamente, pois a lealdade parece nos obrigar a continuar mantendo relações com elas.

Na segunda categoria, você encontrará aquelas pessoas que não aceitarão o seu desejo de mudança e tentarão impedir ou barrar a sua evolução, porque esta última as expõe ao perigo de serem obrigadas, por sua vez, a se questionarem sobre suas vidas. Você as identificará pouco a pouco. Preste atenção nos pequenos comentários que depreciam os seus esforços, nas pessoas que lhe afirmam que você está sem rumo na vida e não pode fazer nada a respeito disso, naquelas que criticam qualquer mudança sua sem lhe perguntar quais são os sentimentos que você próprio tem... Alguns não gostarão de ver que você está melhor, é menos dependente deles e, portanto, menos à mercê deles! Você consegue reconhecer alguém ao ler esta descrição?

Presente de apoio

Faça uma lista de pessoas positivas ao seu redor, de pessoas que você pode procurar para obter reconforto, incentivo, ajuda...

– ....

– ....

– ....

– ....

"A verdadeira liberdade é poder recusar um convite para jantar sem se justificar."

Jules Renard

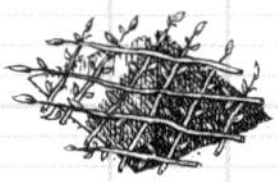

Armadilha: a culpa

Seguir alguns dos caminhos da simplicidade feliz às vezes pode fazer com que você se sinta culpado. Porém... Liberar-se enquanto algumas pessoas carecem de tudo... pode permitir que você doe a quem não tem nada. Decidir trabalhar menos, ao passo que, mundo afora, muitos são aqueles que estão desempregados... pode permitir liberar ou criar outros empregos.

Anote abaixo o que poderia fazer com que você ficasse se culpando e anote ao lado o impacto positivo de suas ações para a comunidade ou o planeta.

....

....

....

....

No fim das contas, a simplicidade feliz nos leva a compartilhar mais, respeitar mais a vida e os outros, não se esqueça disso!

A família

Primeiro, podemos fazer um balanço sobre a nossa vida atual. Como você definiria as relações que mantém com a sua família? Próximas, afetuosas, distantes, tensas?

Se você conseguisse levar uma vida mais "simples", você acha que suas relações com as pessoas ao seu redor mudariam? Se você tivesse mais tempo, você dedicaria mais – ou menos – à sua família? Aos seus lazeres?

Muitas vezes, restrições de tempo e agendas sobrecarregadas nos impedem de curtir os nossos entes queridos. Para os pais, por exemplo, os dias de escola representam uma correria para conseguir fazer tudo entre a hora em que as crianças voltam para casa até a hora de deitar... Como podemos abrandar nossa submissão ao tempo em nossas relações?

É essa mesma falta de tempo que nos impede de retornar a ligação da nossa prima ou contar uma historinha para os nossos filhos...

Pausa: os melhores momentos da sua vida

Cite, rápido, sem refletir, os três melhores momentos que você compartilhou na sua vida com seus entes queridos:

- ....
- ....
- ....

Agora, em cada um deles, calcule quanto você gastou para que tais momentos mágicos acontecessem:

- ....
- ....
- ....

Embora saibamos disso, com frequência esquecemos que é raramente graças a algo material, objetos ou dinheiro, que vivemos momentos maravilhosos, mas somente graças ao tempo dedicado aos outros ou a si mesmo.
Será que a maneira como você vive atualmente é capaz de propiciar o surgimento daqueles momentos mágicos que tornam nossas vidas mais belas? Será que ela permite que você curta sua família?

....

Se não for o caso, o que você poderia fazer para facilitar isso?

....

O que você poderia instaurar para passar um momento agradável com eles na semana que vem?

....

Como você pode agir para que isso se repita?

....

ETAPA: Consumo

O consumo e a falta

A simplicidade feliz nos convida a refletir sobre nossa atitude de consumidor, para compreendermos como, ao TER, alguém acredita SER.

Humm, eu existo

Compreender por que e como você consome o ajudará a relativizar seus desejos de perfeição, permitirá que você redescubra valores mais seguros, sadios e perenes do que os de uma sociedade que devora de forma insensata e insaciável.

O homem é um animal social que respeita os códigos do seu grupo. Por isso, ele consome para aparecer ou obedecer a códigos sociais. Ele se veste como seus iguais, compra a mesma marca de carro, pratica o mesmo tipo de lazer... É um comportamento normal. No entanto, pode ser que você não pertença ao grupo no qual você ficaria mais à vontade ou então siga cegamente todos os códigos do seu grupo sem questionar nenhum deles... Nesse caso, talvez você tenha o hábito de consumir simplesmente para pertencer ao grupo, e não por convicção pessoal.

Isso já aconteceu com você? Em que circunstância?

- ....
- ....

Às vezes, também, compramos porque estamos tristes, com raiva... Quais foram as últimas compras que você fez por impulso?

- ....
- ....

O que você sentiu logo antes?

- ....
- ....

Durante?

- ....
- ....

E depois?

- ....
- ....

Imagine-se novamente naquela situação, logo antes da compra. Encontre outra ideia para lhe fazer bem ou resolver o problema que você estava tentando ocultar.

- ....
- ....

Armadilha: o medo de passar necessidade

Se você reduzir o seu tempo de trabalho, seu salário ou seu consumo, você talvez tema que lhe falte alguma coisa.

O que você tem medo de que lhe falte?

— Não ir mais ao restaurante com tanta frequência.

— ....

— ....

Mas o que você ganhará em troca?

— Mais serenidade.

— ....

— ....

A maneira de enxergar o copo muda completamente a forma como percebemos o mundo.

A medida certa

Muitas vezes, consumimos muito porque confundimos as noções de necessidades e desejos. Além disso, estamos acostumados a exigir cada vez mais da tecnologia, do nosso cônjuge, da sociedade, do nosso chefe, de nossos funcionários e de nossos filhos. De fato, dificilmente conseguimos nos satisfazer com o essencial. Pois bem, é importante calcular o que corresponde ao nosso "suficiente", pois isso nos permite evitar muitas compras inúteis e caras! Aliás, qual é, na sua opinião, a diferença entre uma necessidade e um desejo?

Faça uma lista de suas reais necessidades: (não, aquele novo *DVD player* **não é uma necessidade real!)**

— dormir

— comer

- ....

- ....

- ....

- ....

Você consegue satisfazê-las?

....

Agora, faça uma lista de todos os seus desejos, vontades, sonhos (aqui você pode colocar o DVD player!) (pegue outra folha, se necessário!). Você acha que pode satisfazê-los?

....

....

....

A publicidade

Conscientize-se da forma como seus desejos são manipulados, principalmente pela publicidade. Faça o seguinte teste: anote, rapidamente em uma lista, todas as coisas que você precisa comprar nos próximos quinze dias. Depois, abra o catálogo de ofertas de algum supermercado (peça emprestado a um vizinho se você não receber nenhum encarte). Folheie-o, anotando as coisas que despertarem desejo em você (e que você provavelmente comprará quando for lá fazer compras!). Compare.

Então? Insensível à publicidade? E olhe que isso não é nada, pois você estava prestando atenção... Pense em tudo o que você ingurgita passivamente todos os dias, sem nem se dar conta. O que você poderia fazer para fugir um pouco mais de toda essa publicidade invasiva?

Se nada vier à sua cabeça, se você não imaginar que pode desligar a televisão, fechar os olhos quando vir painéis publicitários, virar as páginas das revistas sem dar uma olhada nas propagandas e baixar o som do rádio toda vez que escutar as primeiras notas de um **jingle** que gruda na cabeça, então só lhe resta compreender da melhor forma possível todos os mecanismos da publicidade, para poder resistir a ela. Aconselhamos a leitura, muito revigorante e instrutiva, de THALMANN, Y.-A. **Petit Traité de démanipulation publicitaire**. Jouvence, 2011.

Nossa sociedade cria desejos (que ela chama de necessidades), em vez de satisfazê-los: já vimos que a dificuldade consiste em diferenciá-los. Thalmann sugere a seguinte ferramenta de reflexão: "Uma necessidade é vital, imperativa, ao passo que uma vontade é superficial, mais um luxo do que uma necessidade". Da mesma forma, "Uma necessidade abre múltiplas possibilidades de ser satisfeita, enquanto que uma vontade se limita a alguns elementos, no máximo. Pode-se dizer que uma necessidade é de natureza genérica, ao passo que uma vontade é específica".

Reflita sobre a forma como a publicidade modifica a sua relação com o mundo e os objetos e permaneça sempre vigilante quando ficar com uma vontade irrefreável de algum NEGÓCIO!

Presente: pequeno pensamento reconfortante

Você não é tão dependente quanto imagina – ou quanto querem que você imagine – da sociedade do consumo e de todos os bens maravilhosos que encontramos nas lojas. Você pode aprender a "viver sem". No entanto, é inútil se privar! Aprenda apenas a agir de outra forma.

Se você pode comprar uma coisa, é porque alguém pôde produzi-la! Mas muitas vezes é possível obtê-la através de uma fabricação caseira. Pense nisso na próxima vez que você tiver de comprar um presente para um ente querido, uma luminária, um objeto de decoração ou um prato já pronto. Duplo benefício: você poupará dinheiro e reconquistará confiança nas suas capacidades de se virar sozinho!

Pausa: e o escambo?

A quantidade de serviços ou objetos que é possível trocar depende apenas da nossa imaginação. Por que não uma massagem em troca de um prato já pronto? Por que não uma lavagem de carro em troca de uma ou duas horas de jardinagem? Um pote de geleia de framboesas colhidas com amor em troca de ajuda para preencher documentos? É óbvio que, com amigos, não temos muita vontade - e muito menos necessidade - de ficar contando para saber se estamos quites... mas talvez algumas pessoas ao seu redor estejam dispostas a vivenciar outras formas de trocar...

Por que ter o trabalho de trocar enquanto você pode pagar?

- Porque assim você se libera da ideia de que, sem dinheiro, você não é ninguém.
- Porque isso ativa redes de solidariedade.
- Porque você aumenta a sua criatividade.
- Porque isso permite fazer amigos.
- E, é claro, porque assim dá para economizar.

Agora está na sua vez! Encontre boas razões para você fazer trocas:

....

....

....

Faça uma lista de pessoas a quem você poderia propor essa ideia e anote o que você poderia trocar com elas.

....

....

....

Caixinha de ferramentas: as verdadeiras necessidades por trás das nossas vontades

Em vez de gastar o seu dinheiro para esquecer suas preocupações ou querer resolvê-las, procure encontrar a causa real delas. Você rapidamente se dará conta da inutilidade do dinheiro em muitos casos. Por exemplo: vamos supor que você sofra com dores de cabeça. Vai comprar uma aspirina ou se permitir tirar um cochilo porque, na verdade, está cansado? Digamos que você esteja meio "deprê". Vai se dar de presente aquelas férias na praia ou repensar o seu cotidiano (trabalho, vida conjugal, família...)?

Dinheiro permite evitar momentaneamente que você faça certas perguntas a si mesmo. Porém, infelizmente – ou felizmente – as questões essenciais não podem ser eternamente evitadas. Ao procurar respostas para elas, você ganhará qualidade de vida e fará economias, protegendo assim o planeta de um acúmulo de objetos inúteis.

Viver de forma mais simples no cotidiano

A simplicidade feliz pode ajudar você a viver as coisas de forma mais simples. Antes de comprar algo, não adianta se perguntar se você precisa daquilo. Pode apostar que a resposta será "sim", pois você se acostumou a justificar suas compras com argumentos publicitários.

Em vez disso, pergunte-se se você não poderia substituir o objeto em questão por alguma coisa mais simples, que você já possua e cujo impacto no planeta seja bem menor.

Por exemplo, se você deseja comprar um forno de micro-ondas, pense se uma simples panela com uma tampa não seria tão útil, prática e eficiente quanto ele. O problema é que ela demora mais para esquentar? É verdade que um micro-ondas esquenta rápido, mas depois os alimentos esfriam mais rápido também, ao contrário dos esquentados em panelas, de modo que, muitas vezes, somos obrigados a colocar o prato ou a tigela mais alguns minutos no micro-ondas: Onde fica então a verdadeira vantagem?

Faça um inventário de todos os objetos elétricos ou eletrônicos em sua posse. Pense também no GPS, no rádio ou DVD portátil do carro.

- ❑ ....
- ❑ ....
- ❑ ....
- ❑ ....
- ❑ ....

Olhe já a quantidade! O que isso faz você sentir?

....

Marque aqueles que você poderia dispensar. Quanto aos outros, pergunte-se como você poderia, na verdade, substituí-los por coisas mais simples e menos poluentes (exemplo do micro-ondas e da panela).

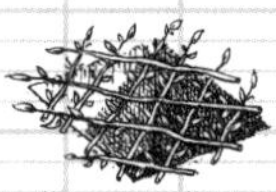

Armadilha: algumas frases assassinas...

Ideias e oportunidades de refletir sobre as suas.

⇨ É mania de *hippie* chique...

A simplicidade feliz não é nenhuma moda, é uma revolução interior...

– ....

Se todo o mundo fizesse como você...

⇨ **O mundo seria bem melhor.**

– ....

Não precisa se privar de tudo, os progressos técnicos nos salvarão...

⇨ **Com certeza... Os organismos geneticamente modificados não estão matando de fome os camponeses da Índia e, aliás, mais carros ecológicos serão menos poluentes...**

– ....

Você quer voltar à Idade da Pedra?

⇨ Pensar que podemos continuar vivendo da mesma forma sem mudar nada – isso sim é um raciocínio que data da Idade da Pedra! Mas a simplicidade feliz é, quanto a ela, intemporal, e podemos aproveitar alguns dos recursos da nossa sociedade sem cair em todas as suas armadilhas.

– ....

– ....

Você quer que todos nós passemos a viver na miséria?

⇨ Majid Rahnema nos lembra, baseando-se em Santo Tomás, que "a pobreza representa a falta do supérfluo, enquanto a miséria significa a falta do necessário". Será que precisamos desse tanto de supérfluo?

– ....

ETAPA: Tempo

Como você administra o seu tempo?

Historinha: A teoria das pedras

Um dia, um professor foi contratado para dar um curso sobre "gestão eficaz do tempo" a um grupo de dirigentes de grandes empresas. Ele só tinha uma hora para ensinar. Em pé, diante daquela elite, o professor os observou um por um, devagar, e depois disse: "Vamos realizar uma experiência".

Ele pegou um grande pote de vidro e o colocou delicadamente na sua frente. Em seguida, apanhou cerca de uma dúzia de pedras mais ou menos do tamanho de bolas de tênis e as introduziu com cuidado, uma por uma, no grande pote. Quando o mesmo ficou cheio até a borda e não era possível acrescentar mais nenhuma pedra, ele levantou lentamente os olhos para seus alunos e perguntou: "O pote está cheio?" Todos responderam: "Sim". "É mesmo?" Então, ele se inclinou de novo e tirou de debaixo da mesa um reci-

piente cheio de cascalho. Minuciosamente, ele entornou o cascalho em cima das pedras e depois chacoalhou tudo ligeiramente: os pedaços de cascalho se infiltraram por entre as pedras... até o fundo do pote.

O professor levantou de novo os olhos na direção do seu auditório e voltou a perguntar: "O pote está cheio?" Dessa vez, seus brilhantes alunos começaram a compreender sua artimanha. Um deles respondeu: "Provavelmente não!"

"Muito bem!", respondeu o professor. Ele agachou de novo e, dessa vez, tirou de debaixo da mesa um saco de areia. Com calma, ele despejou a areia dentro do pote. A areia preencheu os espaços entre as pedras e o cascalho. Ele perguntou novamente: "O pote está cheio?" Dessa vez, sem hesitar e em coro, os chefes de empresa responderam: "Não!"

"Muito bem!" Ele pegou a garrafa d'água que estava em cima da mesa e encheu o pote até a borda. O professor levantou então os olhos para o grupo e perguntou: "Que grande verdade essa experiência nos demonstra?" O mais audacioso dos alunos, lembrando-se do tema da aula, respondeu: "Ela demonstra que, mesmo quando achamos que nossa agenda está completamente cheia, se realmente quisermos, podemos acrescentar a ela mais compromissos, mais coisas a fazer".

"Não, retrucou o professor, não é isso. A grande verdade que essa experiência nos demonstra é a seguinte: se não colocarmos primeiro as pedras no pote, nunca conseguiremos colocar todo o resto depois."

Houve um profundo silêncio, enquanto cada um pensava na evidência dessas palavras.

O professor então lhes disse: "Quais são as pedras da vida de vocês?" "Saúde?", "Família?", "Amigos(as)?", "Realizar seus sonhos?", "Fazer aquilo de que você gosta?", "Aprender?", "Defender uma causa?", "Relaxar?", "Encontrar tempo...?", "Ou... qualquer outra coisa?"

Com um gesto amigável, o professor saudou seu auditório e saiu lentamente da sala.

Suas prioridades

A simplicidade feliz também visa nos dar tempo para que possamos fazer o que nos deixa mais plenamente realizados. Porém, primeiro é preciso saber o que nos permite isso.

Escreva nas pedras que estão dentro do pote o que você quer vivenciar ou realizar em prioridade na sua vida. Como as pedras têm tamanhos diferentes, você pode hierarquizar as suas prioridades.

Liberar tempo

Vejamos como você pode liberar tempo para se dedicar às suas pedras. Descreva sucintamente uma semana típica sua no quadro da próxima página.

Conte o tempo passado em frente à televisão, no computador ou ao telefone. Conte os tempos de condução, faxina, banho...

Olhar-se de frente e mudar seus hábitos às vezes é difícil – portanto, você pode encontrar grandes resistências ao fazer estes exercícios.

Sua agenda

	Domingo	Segunda	Terça	Quarta	Quinta	Sexta	Sábado
6:00							
7:00							
8:00							
9:00							
10:00							
11:00							
12:00							
13:00							
14:00							
15:00							
16:00							
17:00							
18:00							
19:00							
20:00							
21:00							
22:00							
23:00							
0:00							

Agora que você está com a sua verdadeira agenda diante dos olhos, veja se as suas pedras estão no lugar certo. Senão, o que você poderia mudar na sua vida, pouco a pouco, para se aproximar da sua agenda ideal? Seja modesto e realista, mas também confiante: tome, por exemplo, a decisão de passar 15 minutos brincando com seus filhos todo dia. Ou dedicar pelo menos duas horas por semana à pintura. Ou ir deitar-se um pouco mais cedo. Você sabe o que é bom para si.

Em todo caso, não basta tomar uma decisão de forma leviana. Agora, reserve um horário específico na sua agenda, usando cores bem bonitas, para a atividade que você tiver escolhido. Senão, todos os seus belos desejos ficarão apenas no papel. Então, o que você gostaria de mudar na sua agenda?

– ....

– ....

– ....

– ....

Avalie o quão você exige de si mesmo com relação à forma como você emprega o seu tempo e pense quantas vezes por dia você se acusa de não fazer o suficiente ou não ser rápido o bastante. Essa pressão toda que você se impõe o ajuda ou prejudica, gerando estresse? Talvez ela o ajude em certos momentos (quando é preciso fechar o projeto X) e o atrapalhe em outros (quando você se vê obrigado a acabar logo o passeio). Será que é tão importante assim fazer tudo perfeitamente e sem demora?

Anote abaixo quais coisas não podem esperar e necessitam ser resolvidas no devido tempo. (Os itens abaixo são apenas exemplos, risque-os se eles não corresponderem às suas prioridades.)

- Preparação das refeições para as crianças.
- Contas a pagar.
- ....
- ....

Ir mais devagar

Pense no número de vezes em que, durante o dia, você diz as seguintes expressões: "Anda logo!", "Vamos, vamos!", "Mais rápido!"...

Anote abaixo os momentos em que o fato de se apressar lhe tenha sido prejudicial na sua vida.

....

....

....

Afinal de contas, será que é realmente tão importante ir rápido? Quando você já está atrasado, apressar-se não fará com que você chegue na hora. Em uma sociedade que nos incita a irmos cada vez mais rápido, qualquer atividade pode ser vista como uma perda de tempo. É por isso que temos de comer rápido, dirigir rápido, trabalhar rápido... acabamos esquecendo por que nos apressamos o tempo todo. Então, como você pode eliminar ou relocalizar algumas de suas atividades de lazer ou trabalho para não ter mais de ir rápido e longe?

Convicções sobre o tempo

Assim como em todas as áreas, herdamos convicções e preconceitos sobre o tempo que modelam nossos pensamentos e comportamentos. Para descobrir quais são os seus, escolha, na lista de ditados e provérbios abaixo, aqueles com os quais você concorda e tire um tempo para meditar sobre cada um e analisar o princípio deles.

"Tempo é dinheiro."

"Deus ajuda quem cedo madruga."

"Cada coisa em seu tempo."

"Amanhã é um outro dia."

"É preciso dar tempo ao tempo."

"O tempo urge."

Aguce os ouvidos nos próximos dias e preste atenção em todas as referências feitas ao tempo e à utilização do tempo que você escutar... Também estamos impregnados disso (p. ex.: "Nana, neném, que a cuca vem pegar! Papai foi à roça, mamãe foi trabalhar..." É assim que, desde cedo, integramos a ideia de que, fora os bebezinhos, as pessoas não podem descansar, porque têm mais o que fazer, mesmo que estejam cansadas, têm de ir à labuta...) Anote abaixo as expressões que você ouvir a respeito do tempo.

– ....

– ....

– ....

Procure avaliar como elas influenciam, de forma positiva ou negativa, a sua percepção do tempo e da sua vida...

ETAPA: Trabalho

O trabalho, uma dimensão identitária e social

Quando encontramos alguém pela primeira vez, ativamos certas estratégias, no intuito de identificar mais facilmente a pessoa que estamos conhecendo. Dentre as perguntas que nos ajudam a "situar" o outro, logo surge a do trabalho. O trabalho nos define tanto que, quando nos perguntam "O que você faz?", na maior parte das vezes não respondemos "Eu faço... maquetes, mexo com encanamentos, dou aulas etc., mas sim "Eu sou... arquiteto, encanador, professor etc."

Na nossa sociedade, um trabalho remunerado é algo tão comum e visto como uma tamanha obrigação que ninguém mais reflete sobre suas próprias necessidades e nem sua própria satisfação com relação a ele. Atenção, a questão aqui não é somente se perguntar se o seu trabalho lhe convém, mas sim repensar a noção geral de atividade remunerada.

Como você se situa com relação ao trabalho?

Veja a seguir algumas definições e lugares-comuns que talvez lhe pareçam simplistas e caricaturais, mas que merecem uma reflexão profunda, pois elas traduzem o pensamento coletivo que pode nos influenciar.

De fato, quantas pessoas não ousam escolher o trabalho de seus sonhos, porque ele não é sério o bastante ou porque, se elas se divertissem demais, não teriam a impressão de merecer seu salário?

Escreva debaixo de cada frase o que você sente com relação à ideia que ela transmite. Anote, para começar, a sua primeira impressão e, depois, reflita com calma e anote o seu sentimento profundo.

"Estado de uma pessoa que sofre, que é atormentada, atividade penosa."

....

"Conjunto de atividades humanas coordenadas no intuito de produzir alguma coisa."

....

"Atividade laboriosa profissional e retribuída."

....

"Donas/donos de casa não trabalham."

....

"Trabalho é saúde."

....

"Deus ajuda quem cedo madruga."

....

"O importante é ter um trabalho."

....

"Quem não trabalha se aproveita do trabalho dos outros."

....

"Se no seu trabalho não há complicação, não é trabalho." (Forbes)

....

"O medo do tédio é a única desculpa do trabalho." (Jules Renard)

....
....

Escreva aqui a sua própria definição do trabalho.

"Para mim, o trabalho é .....
....
....
....
....
....
....
....
....
....
.................."

Agora que você fez uma limpa nas suas convicções, analise a realidade do seu cotidiano com relação ao trabalho para destacar o que lhe convém e o que você gostaria de mudar.

Quanto tempo você dedica ao trabalho?

A simplicidade feliz propõe recolocar cada aspecto da sua vida no seu devido lugar, almejando um equilíbrio e sem que nenhum deles sacrifique algum outro. Nesse sentido, ela nos convida a trabalhar menos para podermos permanecer mais presentes a nós mesmos e aos outros.

De fato, o trabalho ocupa uma parte tão importante da vida que às vezes ele acaba ocultando todas as outras, inclusive as que consideramos como as mais importantes: a família, a vida conjugal, uma paixão, tempo para si mesmo...

Não estamos julgando aqui o valor "trabalho", nem incitando você à preguiça ou inatividade. Em compensação, acreditamos que é vital aprender a encontrar a dose certa entre trabalho e vida pessoal.

Comece já a refletir sobre o lugar que o seu trabalho ocupa na sua vida, avaliando como você reparte o seu tempo durante a semana.

Indique o número de horas que você dedica às suas diferentes atividades. Procure não trapacear (p. ex., escrevendo os seus horários de trabalho teóricos). Anote, ao contrário, os horários reais (inclusive aquele cafezinho de praxe que você toma no final do dia com seus colegas!).

Então, quanto tempo você dedica por semana à sua atividade profissional?

....

Será que alguém ou alguma coisa é prejudicada por essa proporção?

....

Você poderia considerar a ideia de trabalhar menos?

....

Quais seriam os benefícios para você?

....

....

....

Que resistências você opõe a essa ideia? Escreva nas portas abaixo que bloqueios se apresentam no caminho do seu objetivo e depois indique nas chaves que soluções concretas lhe permitiriam superar tais obstáculos. Faça este exercício sem pensar demais, deixe o seu inconsciente falar.

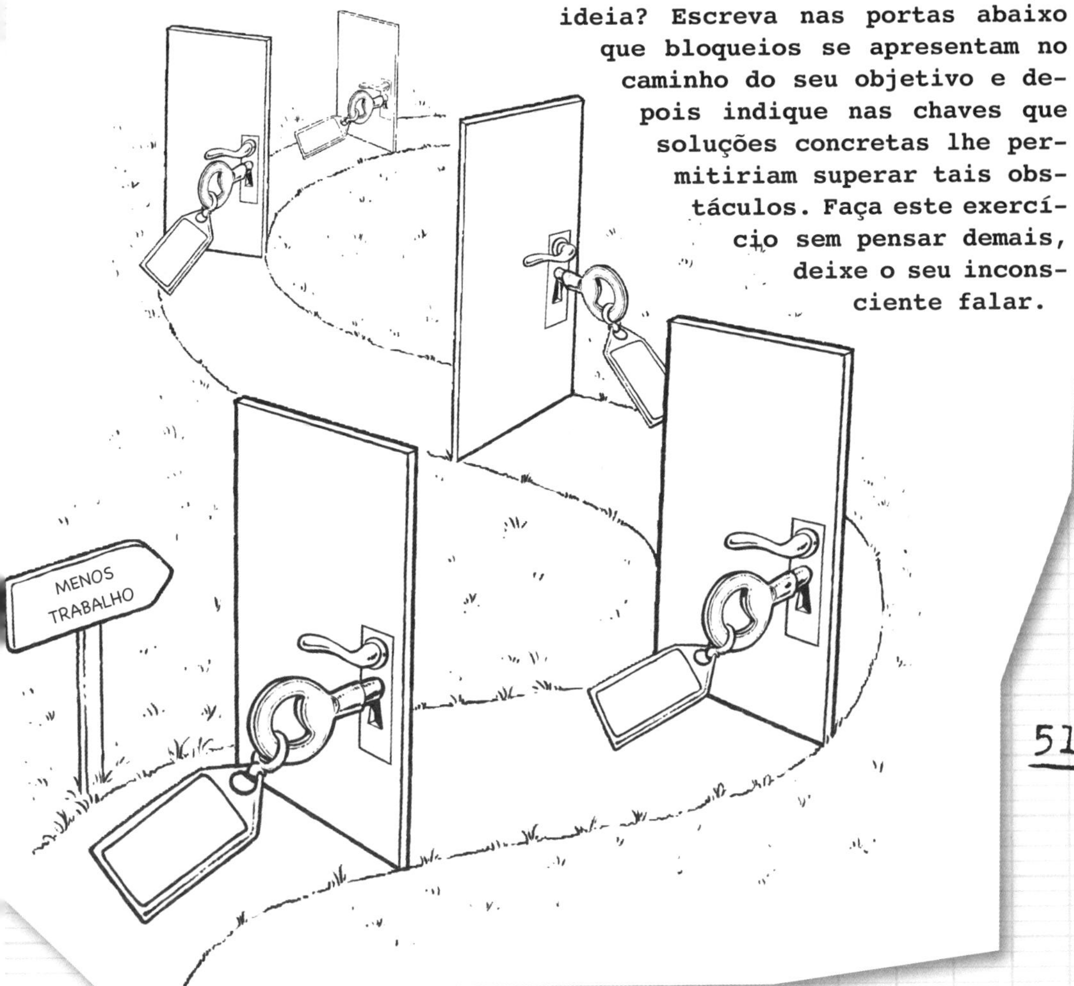

Exemplo:

Porta: eu vou ter menos dinheiro
Chave: vou reduzir minhas despesas

Tire um tempo para meditar sobre cada uma das soluções que você tiver escrito nas chaves. Algumas lhe parecerão irrealizáveis ou difíceis de colocar em prática atualmente. Porém, elas são as chaves do seu bem-estar. Você arranjará tempo para recolhê-las e usá-las para abrir as portas.

Não tema ser devagar, tema apenas ficar parado.

Provérbio chinês

A realização pessoal no trabalho

Para se sentir totalmente realizado, é importante que o seu trabalho (remunerado ou não) lhe traga satisfação.

Como você se sente com relação ao seu trabalho?
Dê uma nota de 1 a 10 aos itens abaixo.

- ↗ Satisfação com relação ao tempo passado no trabalho ....
- ↗ Satisfação com relação ao interesse do trabalho ....
- ↗ Satisfação com relação aos seus relacionamentos no ambiente de trabalho ....
- ↗ Satisfação com relação ao seu salário ....
- ↗ Satisfação com relação aos seus horários ....
- ↗ Satisfação com relação às suas férias ....
- ↗ Satisfação com relação ao reconhecimento... por parte dos seus superiores ....
- ↗ Satisfação com relação ao reconhecimento da sociedade ....

Quais são as imposições mais dolorosas do seu trabalho?

- eterna corrida contra o tempo
- chefe frequentemente de mau humor
- tempo de condução demasiado longo
- ....
- ....
- ....
- ....
- ....

Quais são os pontos fortes dele?

- trabalho fascinante e enriquecedor
- colegas simpáticos
- ....
- ....
- ....
- ....

Caixinha de ferramentas: calcule o seu verdadeiro salário-hora!

Este exercício foi tirado do livro **Dinheiro e vida** (DOMINGUEZ, J. & ROBIN, V. **Dinheiro e vida** - Mude a sua relação com o dinheiro e obtenha a independência financeira. São Paulo: Cultrix, 2007). Obviamente, você sabe quanto você ganha, pois está escrito na sua folha de pagamento. Porém, o que ela não revela são todos os custos ocultos do seu trabalho, ou seja, todas as despesas que você não teria se não ocupasse o seu cargo. Por exemplo, as roupas que você compra porque o seu traje deve ser impecável, o esporte que você pratica na academia para aliviar o estresse devido à sua atividade, as conduções, é claro, mas também a cantina ou a creche das crianças, os pratos congelados que você compra (mais caros do que refeições feitas em casa) porque você não tem mais tempo de cozinhar...

Ao avaliar tais custos ocultos você encontrará outro indicador confiável e exato para refletir sobre a relação benefício/desvantagem do seu trabalho.

Calcule também o tempo real que você passa no trabalho. Cuidado para não confundir o número de horas do seu contrato de trabalho e as horas efetivas que você passa no seu local de trabalho. Não se esqueça de contar o tempo de condução (inclusive os engarrafamentos), os chopinhos com os colegas, o tempo necessário para relaxar toda noite antes de conseguir pensar em outra coisa e tudo aquilo que você tem de fazer por causa do seu trabalho e que você não faria se não ocupasse o seu cargo.

Se você tiver vários empregos, preencha tantas linhas quanto forem necessárias. Cabe a você definir que unidade de tempo prefere usar: dia, semana ou mês.

Calcule igualmente o dinheiro que você ganha no(s) seu(s) emprego(s). Contabilize os salários, mas também os bônus, os meses adicionais, todas as vantagens em dinheiro ou em espécie das quais você se beneficia (auxílio-férias, um carro ou apartamento de função, um bom plano de saúde, vales-presente para as crianças, ajudas de custo...).

Emprego(s)	Tempo dedicado	Dinheiro ganho
Total A	....	....

Agora, preencha o quadro da página seguinte para definir os custos ocultos. Anote o tempo que você costuma dedicar a cada atividade. Escolha, de preferência, a mesma unidade de tempo que no primeiro quadro para facilitar seus cálculos. Na coluna "Dinheiro gasto", conte tudo mesmo. Por exemplo, na categoria "Transporte", anote não somente o preço da gasolina, mas também o preço do seguro e da manutenção do carro. Vamos mais longe: Será que você possuiria um carro se não tivesse o seu emprego? Não? Nesse caso, escreva também na categoria "Transporte", a soma do empréstimo que você fez para comprá-lo. Você entendeu, não é? Então, agora é com você!

Despesas ligadas ao trabalho	Tempo dedicado	Dinheiro gasto
Transporte		
Alimentação		
Vestuário		
Estética		
Esporte ou atividades		
Dependências: cigarro, jogo, chocolate, tira-gosto...		
Creche, cantina, centros de recreação para as crianças		
Férias, lazeres		
Outros		
Total B	....	....

Agora, calcule quanto tempo você realmente dedica a tudo o que envolve, de uma forma ou de outra, o seu trabalho.

Tempo = (Total A + Total B) = ...

Depois, calcule quanto você ganha.

Ganho = (Total A – Total B) = ... reais

Por fim, calcule o seu salário mensal, semanal ou diário, de acordo com a unidade de tempo que você tiver escolhido.

Salário = Ganho/Tempo = ... reais

Hoje, você ganha .... reais por hora.

Tendo feito essa constatação, você acha que esse trabalho merece o tempo e a energia que você lhe dedica?

....

Qual é a sua profissão ideal?

O ideal é que o trabalho que você tiver escolhido lhe agrade. Que você se sinta competente, útil e estimado.

Mas a realidade às vezes é bem diferente. Primeiro, porque você nem sempre escolhe a profissão que vai exercer. Segundo, porque, mesmo que escolha, você pode sentir uma inadequação entre o que você faz e o que você realmente gostaria de fazer. E, às vezes, o que você faz no cotidiano não tem nada a ver com a ideia que você tinha da sua profissão!

No entanto, é possível pensar em arrumar um emprego que seja mais a sua cara.

Se você pudesse ser pago para fazer aquilo que mais lhe agrada, o que você faria? Não hesite em sonhar de olhos abertos... Toda ação tem origem em um pensamento que deixamos brotar, depois crescer...

– ....

– ....

– ....

– ....

Será que existe alguma profissão que corresponda a isso? Senão, você não poderia criá-la? Informe-se!

– ....

– ....

Para alimentar essa ideia, aja durante as próximas semanas como se você realizasse essa profissão. Por exemplo, se você tiver escrito "caubói", vá andar a cavalo durante uma ou duas horas, se tiver escrito "fotógrafo", vá tirar fotos etc.

Este mês, para me aproximar da minha profissão ideal, eu vou decidir

– ....

– ....

– ....

– ....

Que ações concretas você poderia efetuar para exercer a sua profissão ideal?

– ....

– ....

– ....

– ....

Agora que você já refletiu bastante sobre a noção de trabalho, como você pretende reposicionar esse valor na sua vida?

- ....

- ....

- ....

Presente: O que eu ganhei da vida ao repensar o valor "Trabalho"?

Cilada: a opinião dos outros...

Como as pessoas ao seu redor reagirão se você mudar de trabalho?

....

....

Se você trabalhar meio período?

....

....

Você corre o risco de ser tratado de aproveitador ou de preguiçoso?

....

....

O que você responderá a tais comentários?

....

....

....

....

....

....

Conclusão: e agora?

Não esqueça a "descontração voluntária"... A simplicidade feliz não é - e não deve ser - mais uma cruz a carregar, mas sim ter o objetivo de simplificar a sua pessoa, facilitar a sua vida... Seja legal consigo mesmo, não se imponha objetivos irrealistas ou que o coloquem em perigo...

Pegar o caminho da simplicidade feliz é perceber dia após dia que nós somos um dos elementos constitutivos de uma rede universal e que cada ato nosso tem uma repercussão na trama do universo. Longe de nos levar de volta à Idade da Pedra, essa filosofia permite nos sentirmos plenamente humanos, plenamente em harmonia com o mundo que nos cerca. Você encontra cada vez mais o seu devido lugar sem invadir o dos outros. Encontrar esse lugar dá automaticamente sentido à nossa existência.

Nós lhe desejamos uma bela viagem!

Caixinha de ferramentas: catálogo de endereços

Veja a seguir algumas linhas que lhe servirão de lembrete:

Lugar	Endereço e telefone	Horários
Rede local de troca de produtos ou serviços		
Feira orgânica		
Feira		
Cooperativa		
Moinho		
Associação de proteção à agricultura familiar		
Loja orgânica		

Várias ferramentas nos ajudaram muito a redigir este livro:

Websites

Rede quebequense de simplicidade voluntária: http://simplicitevolontaire.info/

na qual encontramos os seguintes artigos (alguns foram retirados do site desde então):

BURCH, M.A. *Cercles de simplicité volontaire*[2].

GRENIER, P. *Ateliers d'introduction à la simplicité volontaire*.

Livros

DOMINGUEZ, J. & ROBIN, V. *Dinheiro e vida* – Mude a sua relação com o dinheiro e obtenha a independência financeira. São Paulo: Cultrix, 2007.

MONGEAU, S. *La Simplicité volontaire, plus que jamais*. Montreal: Écosociété, 2005.

PRADERVAND, P. *La vie simple* – Guia prático. Genebra: Jouvence, 1999.

RAHBI, P. *Vers la sobriété heureuse*. Arles: Actes Sud, 2010.

SAINT JAMES, E. *Living the Simple Life* – A Guide to Scaling Down and Enjoying More. Nova York: Hyperion Books, 1998.

THALMANN, Y.-A. *Petit traité de démanipulation publicitaire*. Genebra: Jouvence, 2011.

2. Sem tradução em português [N.T.].

Coleção Praticando o Bem-Estar

Selecione sua próxima leitura:

- ❑ Caderno de exercícios para aprender a ser feliz
- ❑ Caderno de exercícios para saber desapegar-se
- ❑ Caderno de exercícios para aumentar a autoestima
- ❑ Caderno de exercícios para superar as crises
- ❑ Caderno de exercícios para descobrir os seus talentos ocultos
- ❑ Caderno de exercícios de meditação no cotidiano
- ❑ Caderno de exercícios para ficar zen em um mundo agitado
- ❑ Caderno de exercícios de inteligência emocional
- ❑ Caderno de exercícios para cuidar de si mesmo
- ❑ Caderno de exercícios para cultivar a alegria de viver no cotidiano
- ❑ Caderno de exercícios e dicas para fazer amigos e ampliar suas relações
- ❑ Caderno de exercícios para ir mais devagar quando tudo está indo rápido demais
- ❑ Caderno de exercícios para aprender a amar-se, amar e - por que não - ser amado(a)
- ❑ Caderno de exercícios para ousar realizar seus sonhos
- ❑ Caderno de exercícios para saber maravilhar-se
- ❑ Caderno de exercícios para ver tudo cor-de-rosa
- ❑ Caderno de exercícios para se afirmar e - enfim - ousar dizer não
- ❑ Caderno de exercícios para viver sua raiva de forma positiva
- ❑ Caderno de exercícios para se desvencilhar de tudo o que é inútil
- ❑ Caderno de exercícios de simplicidade feliz
- ❑ Caderno de exercícios para viver livre e parar de se culpar
- ❑ Caderno de exercícios dos fabulosos poderes da generosidade